현진오
서울대학교 식물학과를 졸업하고, 순천향대학교에서 보전생물학으로 박사 학위를 받았다.
고향인 제주도에서 우리 산과 들의 풀꽃들과 가까이 지내며 자연에 대한 사랑을 키웠다.
백두대간 식물 탐사회 지도위원, 자연생태 정보센터 사무국장, 월간 〈사람과 산〉 편집장으로 일했다.
지금은 동북아생물다양성연구소 소장으로 일하고 있다. 쓴 책으로 《알고 보면 더 재미있는 풀꽃 이야기》,
《풀과 나무 200가지》, 《식물 뿌리 깊은 내 친구야》, 《사계절 꽃산행》 들이 있다.

김삼현
전북대학교 시각디자인학과를 졸업하고, 뉴욕에 있는 SVA(School of Visual Arts)에서
일러스트레이션을 공부했다. 지금은 어린이를 위한 그림책에 그림을 그리고 있다.
다양한 씨앗들을 관찰하고 그리면서 작은 씨앗이 가진 힘을 깨닫게 되었다.
지은 책으로 《그림을 그려 봐》, 《달님의 산책》, 《배고픈 꿈이》가 있으며,
그림을 그린 책으로 《한국의 궁궐, 경복궁에 가면》, 《한국사를 뒤흔든 열 명의 예술가》 들이 있다.

네버랜드 자연학교 씨앗 편을 즐기는 7가지 단계

안녕 씨앗	호기심을 자극하는 질문을 던져요.
반가워 씨앗	일상에서 경험하는 씨앗 이야기를 만나요.
궁금해 씨앗	가까이 있는 씨앗을 둘러보며 흥미를 돋워요.
놀라워 씨앗	씨앗의 신기하고 재미난 점들을 알아 가요.
생각해 씨앗	씨앗을 넓고 깊게 들여다보며 생각해요.
즐기자 씨앗	씨앗을 느낄 수 있는 다양한 놀이를 즐겨요.
지키자 씨앗	씨앗을 아끼고 지키는 방법을 나누어요.

작지만 대단한 씨앗

네버랜드 자연학교

현진오 글 · 김삼현 그림

SIGONGJUNIOR

씨앗 안에는 무엇이 들어 있을까?

포도 씨를 심어요

엄마 아빠와 텃밭을 가꾸어 본 적이 있나요?

화분에 씨앗을 뿌려 베란다에서 채소를 키워 본 적이 있나요?

방울토마토랑 고추를 키워 보겠다고요? 그럼 씨앗이나 모종*부터 구해야 해요.

*모종 : 옮겨 심으려고 가꾼 어린 식물

시장에 가면 씨앗을 파는 가게가 있어요.

무엇이 방울토마토 씨이고, 무엇이 고추씨인지 구별할 수 있나요?

씨앗만 보아서는 어떤 식물이 자랄지 상상하기가 어려워요. 그만큼 작고 작아요.

그 작은 씨앗이 자라 우리가 먹는 갖가지 큰 채소와 과일이 된답니다.

씨앗은 보통 열매 안에 들어 있어요.
사과, 복숭아, 배 같은 과일이 그러하지요.
달콤하고 부드러운 복숭아를 한 입 먹어 보세요.
가운데에 아주 단단한 무언가가 나타날 거예요.
갈색을 띤 주름지고 동그란 것, 그것이 복숭아 씨앗이에요.
복숭아를 먹을 때 부드럽고 달콤한 부분인 열매살과
그 안에 들어 있는 씨앗을 합쳐서 열매라고 해요.

복숭아가 아주 잘 익었단다. 열매살이 아주 부드럽고 맛이 좋지.

복숭아 안에는 크고 단단하면서 주름진 씨앗이 들어 있어요.

고추 안에는 납작하고 동그란 노란 씨앗이 들어 있어요.

밤송이에는 알밤 씨앗이 두어 개 들어 있어요.

사과 안에는 가운데에 까만 씨가 콕콕 박혀 있어요.

참나무 열매에는 씨앗인 도토리가 하나 들어 있어요.

열매 안에는 도토리처럼 씨앗이 한 개 들어 있기도 하고, 고추처럼 작고 납작한 씨앗이 여러 개 들어 있기도 해요.

씨앗은 모양이 여러 가지예요.

납작한 것, 길쭉한 것, 둥근 것, 반달 모양 등 제각각 다르지요.
재미있는 사실은 씨앗의 생김새에 따라 떡잎 모양도 조금씩 다르다는 거예요.

씨앗이 길쭉한 코스모스는
떡잎도 길쭉하고,

씨앗과 떡잎 모양을 잘 비교해 봐.

길쭉한 씨앗 – 코스모스

길쭉한 씨앗 – 도깨비바늘

동글동글한 봉선화 씨앗에서는
둥근 떡잎이 나지요.

반달 모양 씨앗 – 나팔꽃

둥근 씨앗 – 봉선화

떡잎 모양이 나처럼 동그랗네.

씨앗은 크기도 정말 여러 가지예요.
난초는 열매 하나에 수만 개의 씨앗이 들어 있는데,
난초 씨앗은 매우 작고 가벼워서 후 하고 불면 날아가 버려요.
아프리카에 사는 코코 드 메르 야자나무의 씨앗은
크기와 무게가 어마어마하지요. 씨앗은 같은 식물이라도
기후나 영양 상태에 따라 크기와 무게가
달라질 수 있답니다.

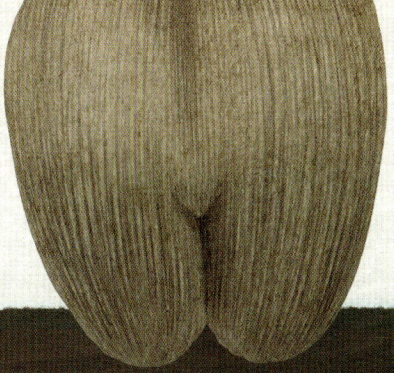

완두콩 강낭콩 작두콩 아보카도 씨앗 코코넛 씨앗

코코 드 메르 야자 씨앗
: 길이가 약 45cm, 무게가
13.5~20kg이나 나가요.

씨앗은 색깔도 다양해요. 까만색, 갈색, 하얀색, 초록색 등 여러 색깔을 띠지요.

서리태 · 나팔꽃 · 새팥 · 강낭콩
해바라기 · 덩굴강낭콩 · 아주까리콩
땅콩 · 아몬드

옥수수 알이 씨앗이래.

옥수수 씨앗은 튀겨서 팝콘으로 먹어도 맛있어.

씨앗에도 맛이 있을까요?
대부분의 씨앗은 아무 맛도 나지 않아요.
그래서 쌀, 보리 등과 섞어
잡곡밥을 해 먹지요.

궁금해 씨앗

옥수수나 밤, 땅콩 같은 씨앗은 삶거나 구우면 고소한 맛이 나요.

열매가 곧 씨앗인 식물도 있을까?

솔방울을 자세히 보면 날개 같은 조각들 사이에 작고 동그란 것들이 박혀 있어요. 솔방울은 열매고, 작고 동그란 것은 씨앗이지요. 보통은 이렇게 열매 안에 씨앗이 들어 있어요. 하지만 열매가 곧 씨앗인 식물도 있어요. 벼, 보리, 밀, 해바라기, 도깨비바늘 등이 여기에 속해요.

보리

콩 심은 데 콩 나고, 팥 심은 데 팥 나요

'콩 심은 데 콩 나고, 팥 심은 데 팥 난다'는 속담이 있어요.
여기서 콩과 팥은 콩과에 속하는 식물이에요.
콩은 큰 콩이라 하여 대두,
팥은 작은 콩이라 하여 소두라고도 하지요.
얼핏 보면 비슷해 보이지만, 모든 식물은
저마다 씨앗의 성질대로 다르게 자란답니다.

강낭콩 꽃이 진 자리에 꼬투리가 맺히는데, 그 안에 강낭콩이 들어 있어.

강낭콩 씨앗이에요.

강낭콩 씨앗에 싹이 나요.

싹이 나서 자라요.

작은 뿌리들이 생기고, 땅 위로 줄기가 올라와요.

이처럼 씨앗은 같은 종류의 식물들이 세대를 거치면서
오래도록 살아갈 수 있게 해 주어요.
식물이 해를 거듭하면서 살아갈 수 있는 것은
바로 씨앗이 있기 때문이랍니다.
세상에서 가장 큰 나무도 처음에는 아주 작은 씨앗에서 시작해요.
우리나라에서 가장 큰 잎을 가진 가시연꽃도
손톱만한 씨앗에서 싹이 돋아 거대하게 자라지요.

가시연꽃 씨앗이에요.

씨앗에서 조그만 싹이 나요.

싹이 흙 위로 곧게 뻗어 올라와요.

뿌리가 생기고 잎의 수가 늘어나요.

놀라워! 씨앗

떡잎 두 장이 나와요.
떡잎은 씨앗에서
맨 처음 나온 잎이에요.

넓적한 본잎이 나와요.
본잎은 떡잎 뒤에
나오는 잎이에요.

본잎 사이로 줄기가 더 자라면서
여러 장의 잎이 달려요.

연보라색이나 흰색 꽃이 피어요.

가시가 많은
꽃줄기 끝에 보라색
가시연꽃이 피었어.

잎자루가 긴 잎이
뿌리에서 여러 장 나와요.

잎이 점점 커지고, 키가 훌쩍 자라요.
잎자루와 잎몸에 가시가 돋아요.

잎이 수면 위에 커다랗게 피었어요.
둥근 쟁반 모양의 잎은 지름이 1m나 돼요.

씨앗 속에 무엇이 들었을까요?

씨앗 속에 무엇이 들어 있기에 싹이 돋아
줄기가 생기고, 꽃이 피고, 열매가 맺힐까요?
씨앗 속을 자세히 들여다보아요.
씨앗을 감싸고 있는 껍질을 씨껍질이라고 해요.
씨껍질은 씨앗 속에 들어 있는 것들을 보호하지요.

강낭콩아,
무럭무럭 자라라.

다양한 씨앗들의 속 모습

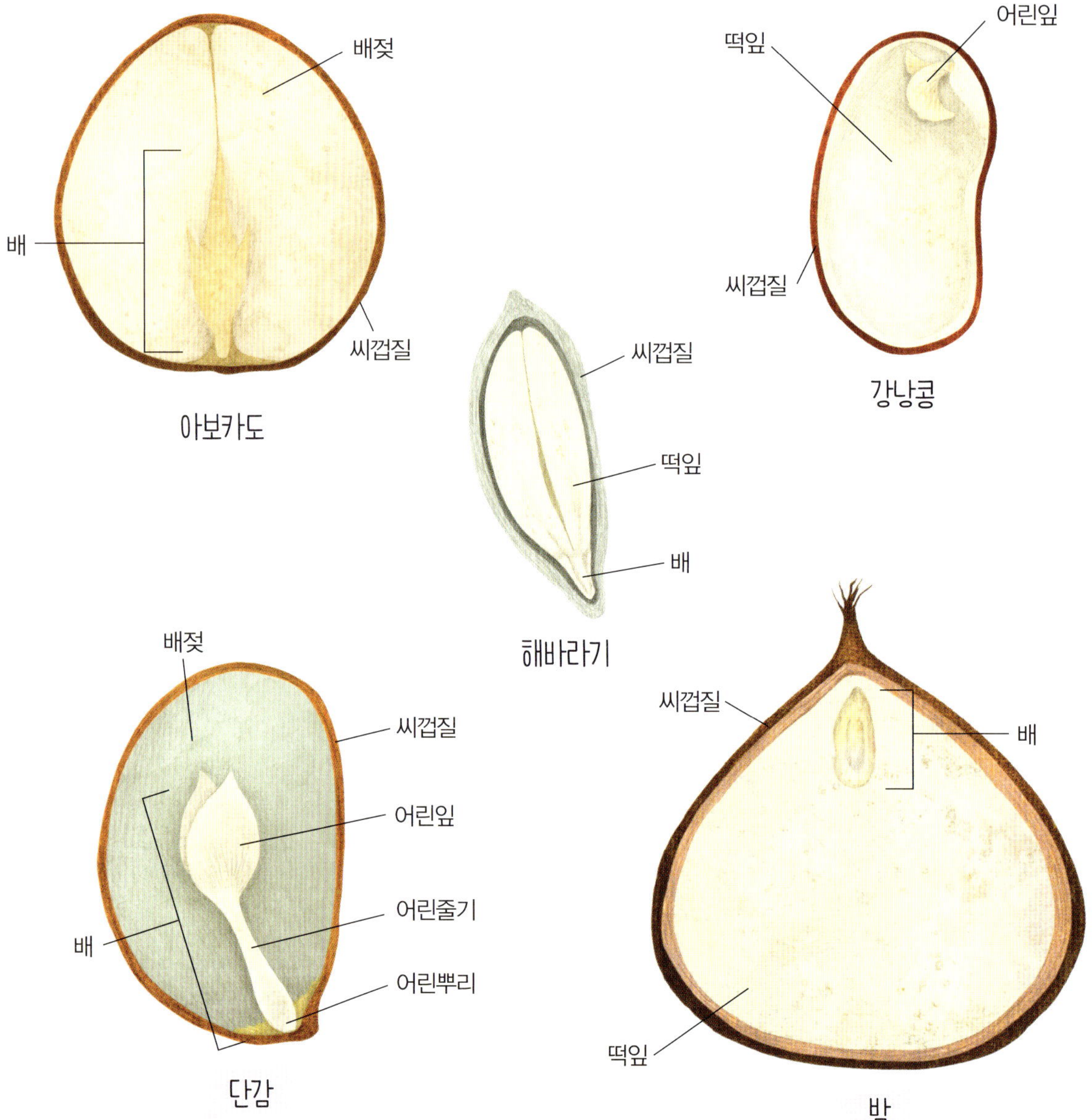

아보카도 — 배젖, 배, 씨껍질

강낭콩 — 떡잎, 어린잎, 씨껍질

해바라기 — 씨껍질, 떡잎, 배

단감 — 배젖, 씨껍질, 어린잎, 어린줄기, 배, 어린뿌리

밤 — 씨껍질, 배, 떡잎

옥수수가 아주 실하구나.

씨앗 속에는 떡잎이나 배젖이 있어요.
또한 어린잎, 어린줄기, 어린뿌리가 들어 있기도 해요.
떡잎이나 배젖은 싹을 틔울 때 양분으로 이용되지요.
어린잎, 어린줄기, 어린뿌리는
나중에 각각 잎, 줄기, 뿌리로 자라나요.

옥수수 씨앗과 한살이

*배 : 식물이 될 부분
*배젖 : 배가 자라는 데 필요한 양분을
         저장하고 있는 부분.
         배젖이 없는 식물은 떡잎에
         양분을 저장해요.

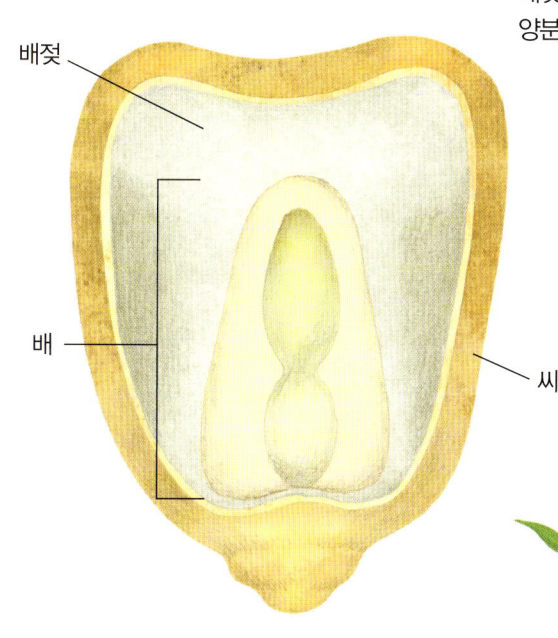

- 배젖
- 배
- 씨껍질

옥수수 씨앗이에요.　씨앗에서 싹이 나요.　떡잎 싸개가 나요.　본잎이 나고, 잎과 줄기가 자라요.　꽃이 피고, 열매가 맺혀요.

놀라워 씨앗

씨앗에서 싹이 트려면?

씨앗을 땅에 심는다고 무조건 싹이 나는 것은 아니에요.
싹이 틀 수 있는 환경이 필요하지요.
씨앗에 싹이 트려면 우선 물이 필요해요.
물에 적셔진 씨껍질이 부풀어 오르면서
자그마한 싹이 돋지요.
여기에 적당한 햇빛과 산소도 있어야 해요.
작은 씨앗이지만 살아 있는 생명체랍니다.

씨앗은 날이 너무 춥거나 너무 더우면 싹이 나기 어려워요.

씨앗은 추운 겨울에 땅속에서 잠을 자요.

따뜻한 봄 날씨는 씨앗이 싹을 틔우기에 적당해요.

대부분의 씨앗은 빛이 필요하지만 어떤 씨앗은 어두운 걸 좋아하기도 해요.

상추, 당근, 쑥갓, 배추, 딸기 등은 싹을 틔울 때 빛이 필요해요. 그래서 흙을 완전히 덮지 않고 씨앗이 살짝 보이게 심어요.

토마토, 오이, 가지, 파, 무 등은 어두운 땅속에 심어야 싹을 틔워요.

씨앗들이 잠에서 깨요

날이 건조해지면, 산에 불이 날 때가 많아요.
산불이 나면 모든 것이 불타 버리고 말지요.
그런 잿더미 속에서도 자연은 신비로운 일을 해요.
바로 여러 식물들이 한꺼번에 싹을 틔우는 거예요.
그동안 땅속에서 잠자고 있던 씨앗들이
적당한 열과 햇빛을 받아
잠에서 깬 것이랍니다.

날이 너무 건조해서
산불이 났어요.

숲이 잿더미가 되었어요.

산불이 난 자리에 새싹이 돋았어요.
땅속에서 잠자던 씨앗들이
싹을 틔운 거예요.

어떤 씨앗은 냉장고에 한 달 정도 넣었다 꺼내서 심으면 싹이 더 잘 터요.
낮은 온도가 씨앗의 잠을 깨운 거예요.
산이나 들에 사는 곰취, 민들레, 두릅나무 같은 식물의 씨앗은 이렇게 낮은 온도에서 잠을 깨웠을 때 싹이 잘 난답니다.

숲 가장자리 땅속에도 잠을 자는 씨앗들이 있어요.
누군가 땅을 파서 엎으면 씨앗들이 싹을 틔우죠.
적당한 산소와 햇빛을 얻을 수 있기 때문이에요.
바랭이, 큰김의털, 까락빕새귀리 같은 잡초들은
동물들이 땅을 파헤쳐 주어야 싹을 틔울 수 있어요.

까락빕새귀리

큰김의털

바랭이

풀이 드문드문 나 있는 들판이에요.

멧돼지나 고라니 등 산짐승들이 먹을거리를 찾기 위해 땅을 파헤쳐요.

흙이 뒤집어지면서 땅속에 있던 씨앗들이 햇빛과 공기를 받아 싹을 틔워요.

씨앗의 지혜는 놀라워요

식물은 동물처럼 마음대로 움직일 수 없어요.
그래서 씨앗을 아주 멀리까지 퍼뜨려
자손을 더 많이 늘리려고 하지요.
먼 곳까지 여행을 하려면 씨앗이 온전히
지켜져야 해요. 사과, 배, 복숭아 등은
열매살이 씨앗을 보호해요.

사과의 열매살은 새콤달콤 맛있어.

밤나무 열매는 가시 달린 껍질이 씨앗을 감싸고 있어. 열매 속에 들어 있는 씨앗인 밤톨을 먹지 못하도록 보호하는 거야.

알밤은 언제나 맛있어.

씨앗은 세찬 바람에 날아가기도 하지만,
많은 동물들의 도움을 받아 이동해요.
육지 동물이나 새들의 먹이가 되어
씨를 퍼뜨리지요. 자연이 유지되는
놀라운 지혜랍니다.

열매살에는 풍부한 영양이 담겨 있어서
동물들이 먹이로 즐겨 먹어요.

동물이 여기저기 이동하는 동안에 열매살이 소화되고,
씨앗은 자연스럽게 배설물로 나와요.

다른 곳에 떨어진 씨앗은 싹을 틔우고,
어른 식물로 자라요.

하얀 갓털이 달린 민들레 씨앗은 봄에 퍼지고, 헬리콥터 날개처럼 생긴 단풍나무 씨앗은 가을에 날아가.

단풍나무

도깨비바늘

도꼬마리

바지에 도깨비바늘이 붙었군.

갓털

씨앗

씨앗은 멀리 퍼지기 위해 바람을 이용하기도 해요.
민들레 씨앗도 그중 하나지요.
민들레 열매는 씨앗과 갓털로 이루어져 있는데,
갓털이 있어서 바람을 타고 날아갈 수 있어요.
단풍나무 열매는 헬리콥터처럼 날개가 달려 있어서
빙글빙글 돌다가 먼 곳에 떨어져요.

민들레

꼬투리에 싸인 완두콩이나 봉숭아, 제비꽃 등은 열매껍질에 탄력이 있어 껍질이 터질 때 씨앗이 튕겨 나가면서 멀리 퍼져요.
도꼬마리나 도깨비바늘 등은 털, 가시 등이 있어서 어디든 잘 붙어요. 그래서 움직이는 동물의 몸에 달라붙어 다른 곳으로 이동할 수 있지요.

봉숭아

제비꽃

야자나무 씨앗은 헤엄쳐서 이동한다?

씨앗이 퍼지는 방법은 매우 다양해요. 동물이 먹고 배설하면서 옮기기도 하고, 날개가 달려 바람에 멀리 퍼져 나가기도 하지요. 동물의 털이나 사람 옷에 붙어 이동하는 씨앗도 있어요. 그런데 더운 지방에서 자라는 커다란 야자나무 씨앗은 신기하게도 물에 동동 떠서 흘러가요. 야자나무 씨앗은 두꺼운 껍질로 둘러싸여 있고, 물에 젖지 않기 때문에 바닷물에 떠서 먼 곳까지 이동할 수 있답니다.

식물들의 홀씨와 씨앗

지구에는 많은 식물들이 살고 있지만,
모두 씨앗을 만드는 건 아니에요.
씨앗 대신에 포자라고 하는 홀씨를
만드는 식물도 있어요.
이끼와 고사리가 그것이지요.

봉숭아

해바라기

강아지풀

대나무

벼

갈대

속씨식물

우산이끼

솔이끼

씨앗이 있는 식물은 속씨식물과 겉씨식물로 나뉘어요.
봉숭아, 해바라기 등은 씨앗이 속에 싸여져 있는 속씨식물이에요.
소나무, 전나무 등은 씨앗이 겉으로 나와 있는 겉씨식물이고요.
속씨식물은 꽃을 피워서 '꽃 피는 식물'이라고도 해요.
겉씨식물에 피는 것은 꽃이라고 하지 않아요.

민들레의 하얀 솜털을 민들레 홀씨라고 하는데, 그건 틀린 말이야. 민들레는 꽃을 피우니까 하얀 솜털은 홀씨가 아니라 씨앗이야.

씨앗 없는 과일

모든 열매에는 씨앗이 들어 있다고 했어요.
그런데 우리가 즐겨 먹는 바나나에는 왜 씨앗이 없을까요?
원래 야생 바나나에는 씨앗이 들어 있어요.
그런데 바나나를 키우는 과정에서 씨앗이 없는 열매가 발견되었지요.
사람들은 이것을 키워서 씨앗 없이 편하게 먹는 바나나를 생산했어요.
씨앗 대신 뿌리나 줄기로 계속 번식시킨 것이지요.
씨앗 없는 과일이나 꽃은 이런 방법으로 키운답니다.

씨 있는 바나나   씨 없는 바나나

씨 있는 파인애플   씨 없는 파인애플

파인애플도 원래 씨앗이 있었는데, 지금 우리가 먹는 것에는 씨앗이 없어요. 포도나 수박도 씨앗 없는 것이 개발되어 먹기 참 편해졌어요.

꽃을 예쁘게 피우기 위해 개량하는 과정에서 수술이나 암술을 꽃잎으로 만들었기 때문에 씨앗이 안 생겨요.

달리아

화단이나 길가에 심는 꽃들 중에도 씨앗이 없는 것들이 있어요. 꽃을 더 예쁘게 피우기 위해 새로운 품종을 만든 거예요. 달리아, 덩굴장미, 여러 종류의 국화류가 여기에 속해요.

음식이 되고, 약이 되는 씨앗

씨앗은 기름과 녹말로 이루어져 있어요.
그래서 우리에게 귀한 식량이 되지요.
주식으로 많이 먹는 쌀과 밀, 옥수수 등의 곡물은
모두 영양 많고, 맛 좋은 씨앗이랍니다.
이 곡물들로 밥이나 떡, 빵, 죽을 만들어 먹어요.

사람들은 씨앗으로 다양한 음식을 만들어 먹는구나.

쌀

빵

풍년 쌀 상회

영희네 빵집

옛날엔 벼를 베어 방아를 찧었는데, 지금은 기계로 깎아 편하네.

기름

반찬

콩은 영양이 많아 된장, 간장은 물론, 두부나 콩자반 반찬으로 만들어 먹어요.

씨앗을 짜서 기름을 얻어 요리에 쓰기도 해요. 옥수수, 들깨, 참깨의 씨앗에서 각각 고소하고 향이 좋은 옥수수기름, 들기름, 참기름을 얻을 수 있어요.

참깨를 볶아 막 짜낸 참기름은 정말 고소하지.

약이 되는 씨앗도 있어요. 은행, 호두, 질경이, 산초, 부추, 율무, 쑥, 결명자 등은 한약재로 쓰인답니다.

한약재

미래를 위한 씨앗 저장고

이 세상에는 수많은 식물들이 있지만,
점점 사라져 가는 식물들도 많아요.
그래서 종자은행이라는 것을 만들어
각국의 고유한 씨앗들을 저장해 두고 있지요.
미래를 위해 지구에서 중요한 식물들의 씨앗을
모아 보관해 두는 거예요.

스발바르 국제종자저장고 : 북극 노르웨이령 스발바르제도에 있는 국제 식물 씨앗 저장고예요. 이곳에는 각 나라에서 보내 온 약 450만 종의 씨앗들이 저장되어 있답니다. 우리나라도 여기에 벼, 보리, 콩, 기장, 옥수수 등의 국내산 씨앗을 보관하고 있어요.

종자은행에서는 씨앗들이 죽지 않고 잠을 잘 수 있도록
적당한 온도와 습도를 유지하기 위해 신경을 써요.
연구원들은 씨앗이 잘 살아 있는지 살펴보기도 한답니다.
이렇게 보관된 씨앗은 나중에 필요할 때 꺼내어 쓸 수 있어요.

요즘은 씨앗을 급속 냉동하여 저장하는 기술도 개발되었어요. 드라이아이스보다 더 차가운 온도에서 순식간에 씨앗을 얼린 다음 보관하는 것이지요. 오랜 세월 후에 천천히 녹여서 심으면 씨앗에서 싹이 터요. 이 방법으로 멸종 위기에 놓인 식물들의 종자를 보관한답니다.

1년 내내 영하 18도를 유지하는 냉동 장치가 설치되어 있어서 씨앗이 싹을 틔우지 못해요.

식물은 꼭 씨앗으로만 번식할까?

겉씨식물과 꽃 피는 식물은 대부분 씨앗으로 번식해요. 이들을 합쳐 종자식물이라고 하지요. 하지만 몇몇 종자식물은 씨앗을 만들기는 하지만, 씨앗이 아닌, 아주 독특한 방법으로 번식하기도 해요. 참나리는 잎겨드랑이에 달린 둥근 살눈에서 새싹이 돋아나고, 미선나무는 가지가 땅에 휘어져 묻히면 그곳에서 뿌리가 돋아 새로운 개체로 자라지요. 대나무는 땅속으로 땅속줄기를 길게 뻗으면서 마디에서 줄기를 올리는 식으로 번식해요.

대나무의 땅속줄기

씨앗이랑 놀아요

씨앗의 모양, 크기, 색깔, 무늬는 참 여러 가지예요.
다양한 씨앗들로 재미난 놀이를 해 보아요.

씨앗 무늬 그리기

❶ 씨앗들 중 겉에 무늬가 있는 것들을 준비해요. 해바라기 씨앗은 세로 줄무늬가 있고, 호랑이울타리콩은 자주색 얼룩무늬가 있어요.

❷ 돋보기로 씨앗을 크게 확대해서 보면 무늬가 잘 보여요. 그 무늬를 관찰하며 그림을 그려 보아요.

솔방울 무늬 예쁘다.

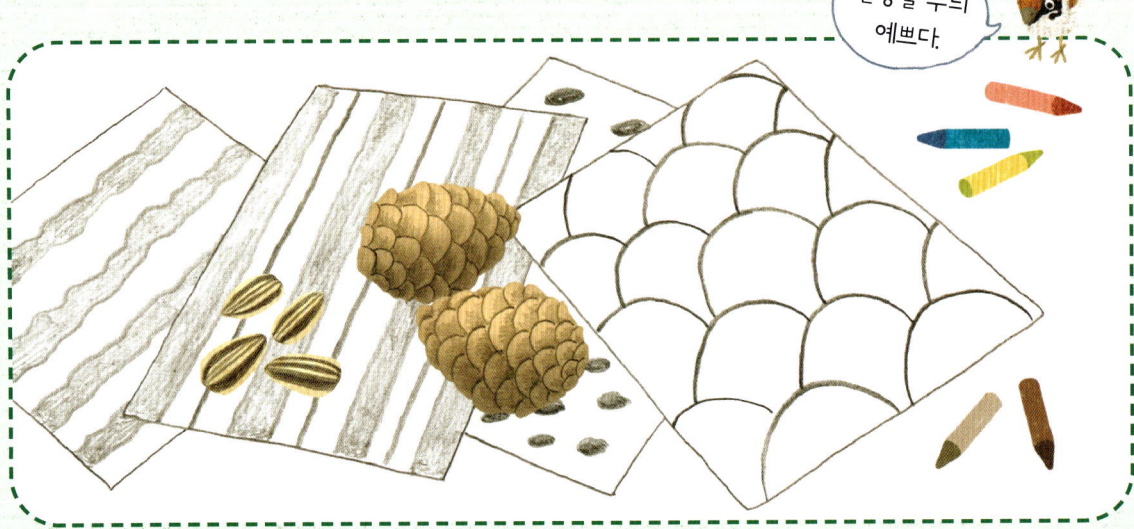

❸ 크게 확대하여 그린 씨앗 무늬를 반복해 그리면서 나만의 무늬를 만들어 보아요.

씨앗 붙여 꾸미기

❶ 곡식을 튀긴 튀밥, 혹은 색깔과 크기가 다양한 씨앗을 준비해요. 검은 도화지와 꿀(물엿) 혹은 독성 없는 풀을 준비해요.

❷ 도화지에 밑그림을 그려요.

❸ 그림 위에 꿀(물엿)을 칠하고 튀밥과 씨앗을 붙여요.

❹ 튀밥과 씨앗으로 꾸민 그림 완성!

가장 큰 열매를 찾아라!

숲속에 가면 밤송이, 도토리, 솔방울 등 다양한 열매를 찾을 수 있어요.
열매들을 주워서 누가 누가 가장 큰 열매를 주웠는지 겨루어 보아요.
주운 열매 속에 들어 있는 씨앗도 관찰해 보세요.
이렇게 하다 보면 열매와 씨앗을 구분하는 방법을 자연스럽게 알게 돼요.

누가 누가 멀리 뱉나?

포도나 수박 등 과일을 먹고 나면, 씨앗만 남아요.
씨앗을 입 안에 머금고 있다가 힘 있게 퉤 하고 뱉어 보아요.
그러고는 누가 뱉은 씨앗이 가장 멀리 나아갔는지 확인해 보세요.

소중한 양식, 씨앗 지키기

씨앗을 지킨다는 것은 무슨 의미일까요?
씨앗이 자라면 인간과 동물들이 먹을 양식이 생기지요.
씨앗 자체가 먹을거리가 되기도 하고요.
숲속에 가면 도토리나 밤 등 열매와 씨앗들이 떨어져 있어요.
동물들은 이 열매와 씨앗을 먹으며 살아요.
그래서 함부로 주워 오면 안 되지요.
동물들이 추운 겨울 동안 먹을거리가 없어 굶어 죽거든요.

나무 열매는 우리에게 소중해.

추운 겨울이 오기 전에 많이 먹어 두렴.

겨울 양식으로 도토리를 모아 둬야지.

숲속 열매를 함부로 줍지 말아요

다람쥐, 사슴, 멧돼지, 어치 등 숲에서 사는 동물들은 다양한 열매를 먹어요. 도토리나 밤을 마구 담아 오면 동물들이 먹을 양식이 줄어드는 거예요. 그래서 도토리 줍기를 하지 말자는 캠페인을 벌이기도 해요.

지역마다, 또 나라마다 원래부터 그곳에서 나는 식물들이 있어요.
이를 토종 식물이라 하고, 그 씨앗을 토종 씨앗이라고 하지요.
그런데 가끔씩 바람이나 바다, 여행객들을 통해 외국 식물들의 씨앗이 들어올 때가 있어요.
이런 씨앗들이 흘러 들어와 자란 식물을 귀화 식물이라고 해요.
귀화 식물은 생명력이 강해 토종 식물이 터전을 잃고 사라질 수 있어요.
그래서 어떤 사람들은 토종 씨앗을 지키기 위해 애쓴답니다.

토종 씨앗 지키기
토종 씨앗이 사라지면 다시 만들어 낼 수 없어요.
그렇게 되면 엄청난 식량 생산 위기가 닥칠지도 몰라요.
그러므로 토종 씨앗을 잘 지키는 일이 중요해요.
토종 씨앗은 미래에 신품종과 의약품 개발에 꼭 필요하답니다.

작가의 말

자신과 똑같은 자손을 남겨서 종족을 보전하고자 하는 것은 생물의 본능 가운데 하나입니다. 동물은 보통 새끼를 낳아 키움으로써 종족을 보전합니다. 식물도 동물과 마찬가지로 종족을 보전하려는 본능이 있습니다. 다만 새끼를 낳는 것이 아니라, 씨앗이나 홀씨를 만들어 남김으로써 종족 보전을 하지요. 식물들의 생존 본능은 매우 강하여 씨앗이 자랄 수 있는 환경만 갖춰진다면, 척박한 땅에서도 싹을 틔우고 자랍니다. 서로 가까이 있을 때에는 살아남기 위한 경쟁이 치열해지니 멀리멀리 날아가 새로운 땅에 정착하기도 하고요.

이러한 씨앗은 우리 인류의 식량으로도 매우 중요합니다. 우리에게 영양분 많은 먹을거리가 되기 때문이지요. 인류의 주식인 밥을 짓는 쌀과 보리, 빵을 만드는 밀은 물론이고, 기름을 짜는 옥수수와 해바라기, 간식거리가 되는 밤과 아몬드 등 모두가 씨앗입니다. 그러고 보면 씨앗이 우리 생활 깊숙이 들어와 있다는 걸 문득 깨닫게 됩니다. 우리 입으로 들어가는 대부분의 음식들이 씨앗에서 시작되는 것이니 말입니다.

씨앗 속에는 싹을 틔우는 데 필요한 영양분뿐만 아니라, 어미와 꼭 닮게 만드는 유전 물질도 함께 들어 있습니다. 그래서 씨앗만 있다면 어미와 닮은 식물을 다시 만들 수 있지요. 식물 자체가 멸종되어 사라지더라도 씨앗만 남아 있으면 언제라도 그 식물을 다시 키울 수 있답니다. 이런 특성을 활용하여 식물 종을 보전하는 것이 종자은행입니다. 종자은행에 씨앗을 보관하여 식물의 멸종에 대비하는 것이지요.

씨앗은 지구를 푸르게 하는 식물들의 원천입니다. 씨앗이 없다면 식물도 없고, 식물이 없으면 지구에서 생물들이 살아가는 데 필요한 유기물질(에너지)과 산소가 더 이상 생산되지 않습니다. 이처럼 씨앗은 우리의 생명과 직결되는 것이기에, 하찮게 여겨서는 안 됩니다. 작지만 대단한 힘을 지닌 씨앗, 그 소중한 가치를 우리 모두 가슴에 새겼으면 합니다.

— 현진오(동북아생물다양성연구소 소장)

네버랜드 자연학교 (전12권) | 네버랜드 자연학교는 우리를 둘러싼 자연과 환경을 보고, 이해하고, 활동하며 생각을 키워 줍니다. 나아가 자연과 더불어 사는 삶으로 이끌어 줍니다.
구성 : 바다 | 숲 | 강 | 습지 | 논과 밭 | 나무 | 씨앗 | 풀 | 돌 | 흙 | 물 | 에너지

작지만 대단한 씨앗

초판 제1쇄 발행일 2018년 6월 30일
초판 제8쇄 발행일 2025년 4월 1일
글 현진오 그림 김삼현
발행인 조윤성
발행처 (주)SIGONGSA
주소 서울시 성동구 광나루로 172 린하우스 4층
전화 문의 02-2046-2800
홈페이지 www.sigongsa.com/www.sigongjunior.com

글 ⓒ현진오, 2018 | 그림 ⓒ김삼현, 2018

이 책의 출판권은 (주)SIGONGSA에 있습니다.
저작권법에 의해 보호를 받는 저작물이므로, 무단 전재와 무단 복제를 금합니다.

ISBN 978-89-527-8224-3 77400 ISBN 978-89-527-8219-9(세트)

홈페이지 회원으로 가입하시면 다양한 혜택이 주어집니다.
잘못 만들어진 책은 구입하신 곳에서 바꾸어 드립니다.

WEPUB 원스톱 출판 투고 플랫폼 '위펍' __wepub.kr
위펍은 다양한 콘텐츠 발굴과 확장의 기회를 높여주는
SIGONGSA의 출판IP 투고·매칭 플랫폼입니다.

 SIGONGJUNIOR 도서목록을
만나 보세요.